就算不能
與大家和睦相處，
也沒關係

# 就算不能與大家和睦相處，也沒關係

## 不寂寞也不累，保持你我適當的距離，讓心更自在的人際關係排毒

| | | |
|---|---|---|
| 作 者 | 跳舞蝸牛 (Dancing Snail) |
| 譯 者 | 胡椒筒 |
| 封面設計 | 巫麗雪 |
| 內頁排版 | 簡至成 |
| 行銷統籌 | 駱漢琦 |
| 行銷企劃 | 林瑀、陳慧敏 |
| 業務發行 | 邱紹溢 |
| 責任編輯 | 賴靜儀 |
| 總 編 輯 | 李亞南 |
| 發 行 人 | 蘇拾平 |
| 出 版 | 漫遊者文化事業股份有限公司 |
| 地 址 | 台北市松山區復興北路331號4樓 |
| 電 話 | (02) 2715-2022 |
| 傳 真 | (02) 2715-2021 |
| 服務信箱 | service@azothbooks.com |
| 臉 書 | www.facebook.com/azothbooks.read |
| 營運統籌 | 大雁文化事業股份有限公司 |
| 地 址 | 台北市松山區復興北路333號11樓之4 |
| 劃撥帳號 | 50022001 |
| 戶 名 | 漫遊者文化事業股份有限公司 |

初版 1 刷　2021年8月
定　價　台幣360元
ISBN　978-986-489-498-7
版權所有‧翻印必究（Printed in Taiwan）
本書如有缺頁、破損、裝訂錯誤，請寄回本公司更換。

(moderately close relationship)
Copyright © 2020 by 댄싱스네일 (Dancingsnail)
All rights reserved.
Complex Chinese Copyright © 2021 by Azoth Books
Complex Chinese translation Copyright is arranged
with BACDOCI,CO,.LTD
through Eric Yang Agency

國家圖書館出版品預行編目 (CIP) 資料

就算不能與大家和睦相處, 也沒關係 : 不寂寞也不累,
保持你我適當的距離, 讓心更自在的人際關係排毒/跳
舞蝸牛(Dancing Snail) 著 ; 胡椒筒譯. – 初版. – 臺北市
: 漫遊者文化事業股份有限公司, 2021.08
256 面 ; 12.8×19 公分
譯自 : 적당히 가까운 사이
ISBN 978-986-489-498-7( 平裝)
1. 人際關係 2. 生活指導
177.3　　　　　　　　　　　　　　110011468

https://www.azothbooks.com/
漫遊，一種新的路上觀察學

漫遊者文化 AzothBooks

https://ontheroad.today/about
大人的素養課，通往自由學習之路

遍路文化‧線上課程

# 就算不能與大家和睦相處，也沒關係

不寂寞　也不累
保持你我　適當的距離
讓心更自在的　人際關係排毒

**적당히 가까운 사이**

跳舞蝸牛Dancing Snail⊙繪・著

胡椒筒⊙譯

# 序

　　我從小就很不合群。讀書的時候，我在同學之間就像一滴難以融入水的油一樣，總是一個人獨來獨往。原本以為人際關係會隨著年齡的增長，變得越來越簡單。誰知長大以後，需要勞心傷神的事情反而有增無減，人際關係也變得更加複雜了。比如，傳簡訊時，最後應該在哪一個時間點結束呢？討論工作上的事，可以傳表情符號嗎？一兩年才聯絡一次的朋友，他（她）的婚禮要去參加嗎？紅包要包多少呢？

　　這些充斥著大腦的煩惱，就好比是在已經塗滿顏色的畫紙上繼續用蠟筆畫上一層顏色。當我被一些瑣事纏身，特別是對人失去好感時，我會一個星期不想跟人講話。這是人際關係能量耗盡的信號，也是迫切需要為人際關係排毒的時間。


　　大家多少也會這樣吧？近來「追貓」、「追狗」（或植物、無生物）似乎比「追星」更受歡迎。但即使是這樣，假裝獨自生活在這個世界上的我，還是要面對自己的軟弱和需要依賴他人的矛盾。像是明星身

亡的新聞，或是朋友結婚的消息，都會在我心中激起漣漪或波浪。身為人類的我們，無論是對周圍人的人生，還是素未謀面的人的消息，都很難無動於衷。

就算與人相處如此辛苦，但還是會渴望得到只有從人際關係中才能得到的滿足感。為此，我使用了幾種符合自己的人際關係對應法。這樣一來，既可以避免與他人見面時，感到疲累，也能維持自己生活的均衡。我從去年開始，沿用至今的規則之一是，「不以義務感與討厭的人見面」。雖然這聽起來很容易，但落實到行動上時，卻要考慮很多事情。應該如何劃分討厭的程度呢？義務感的標準又該如何決定呢？這樣的問題遠比想像的難。如果這也討厭，那也不喜歡的話，會不會成為別人眼中鑽牛角尖的對象呢？想到這，我也會感到不安。但越是這樣，我越是會傾聽自己的內心。

也許因為這是一個充滿了壓力的年代，所以流行過好幾年「小確幸」。比起承受壓力後，再來尋找解

壓的方法，我找到了一種更有效率的方式，那就是不如從一開始就不做討厭的事。我做出努力的第一步是嘗試「關係極簡主義」。即在適當的情況下，斬斷對我的精神健康造成負面影響的關係。我不想在所有人面前當好人，我告訴自己，如果心裡舒服的話，就不必在意他人的評價。因為我把大部分的人生都用在了看別人的眼色和恢復受損的自尊感上，所以我不想再浪費剩餘的人生了。

如今，我既不想做善良的人，也不想成為有人氣的人。比起這些，我更想集中精神，把能量用在讓自己過得更幸福、更舒適上，更重視自己想做的事、想見的人、想寫的字和想畫的畫。盡量把握時間去做必須做的事、必須見的人、必須寫的字和必須畫的畫。這樣的人生才更適合我。

我某位朋友聽說多喝水有助於減肥，於是她開始每天喝兩公升的水，結果手上長了濕疹。朋友到醫院

詢問發病原因，醫生說，這很有可能是因為原本不喝水的體質突然喝了太多水的關係。朋友自嘲變成了人造加濕器，我們聽後哈哈大笑了起來。透過這件事，我醒悟到了一點，那就是所有人都說好的東西，不一定也適用於自己。

　　不同的人、不同的狀況決定了舒適關係的種類和尺度。在某種關係中，如果不能像水一樣融入其中的話，做一滴獨自漂浮的油也沒有關係。我覺得沒有必要為了合群而刻意改變自己。比起那些必須要見的人，我更希望多見一次自己想見的人。

　　我要向在適當的親密關係裡，理解並陪伴不太隨和的我的家人及朋友們表示衷心的感謝。

二〇二〇年六月

跳舞蝸牛

# 目錄

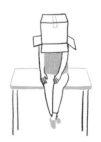

## Part 2　就算不能與大家和睦相處也沒有關係

ⅴ

# Part 1

# 不要太近，
# 也不要太遠

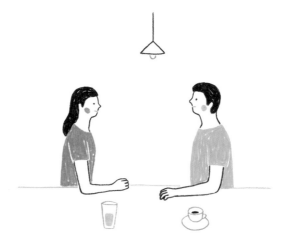

# 世界的侵犯

就算是善意的話，

但如果對方不想聽，
那就等於是侵犯了他的空間

我覺得你的人生
不能再這樣下去
了，所以準備了
這個

愛管閒事

說了廢話。

只有在對方先開口時，
說出的話才會成為好的建議。

∨

　人類為了不失去認同感和獨立性，需要一個可以完全集中於自己的自律空間。德語將其稱之為「Spielraum」，但在韓語中卻沒有能準確傳達出這個意思的詞。如果沒有這樣的概念，便不會有該概念相應的現象。（金靜雲，《在海邊的工作室流淌著不同的時間》，韓國BOOK21，2019）

　或許正是因為這樣，所以在我們不重視個人空間重要性的文化裡，經常會發生侵犯他人日常生活的事情。搭乘大眾交通工具時，有的人絲毫不顧及旁邊的人，大劈腿的坐在那裡。有的人甚至不覺得推擠別人是不禮貌的行為。生活在這樣的社會裡，自然不會對他人侵犯心理空間產生戒備。


　朋友來我家做客，如果他連問都不問就直接亂翻冰箱，或是隨便打開臥室門的話，那麼他的造訪就等於是侵犯。把這種在日常生活中受到物理性空間侵犯的不快感代入心理空間來試想一下，把自己的想法強加於人，等於是侵犯了對方的精神世界。也就是，侵犯了對方的心理空間。即使講出的話都是出於為對方著想。

就像不能隨意侵犯他人的空間一樣，我們必須小心自己的言行，以免侵犯他人的心理空間。提建議也需要選擇時機。因此，就算是多麼讓人受益匪淺的人生真理，如果對方沒有先開口的話，就不必講出來。

# 「無所謂」和「不是就算了」

世間萬事，
好像沒有一件順著自己的心意。

當對人感到失望、疲憊不堪的時候，

奇怪的人

這個神經病
也會消失的

就需要拿出「無所謂」和「不是就算了」的精神。

無所謂了

我可不這麼想！
不是就算了～

對於不喜歡的人，難免會感到失望。當然，我知道這並不是只發生在自己身上的特別事。我們每天接收著新聞和SNS上消磨人性的沉重消息，最終會迎來對人產生厭煩的瞬間。這就好比是一種對人產生過敏的感覺。

　　其原因，也許是來自於我對周圍的人和世界充滿了連自己都無法實現、過於理想化的期待。初次與人交往時，我們比起去看對方真實的樣子，更傾向於用自己的幻想和期待去看對方。當然，這種積極的態度和信任並不是一件壞事。但是隨著關係的持續發展，盲目的期待和可以接受的現實，兩者必然會產生間隙。為了填補這種間隙，記住以下兩點會對精神健康非常有益。

　　「無所謂」和「不是就算了」。

　　這種方法可以更謙虛地接受難以理解的狀況和他人，也是能夠平行表達自己意見的對應方法。只要記住這兩句話，不管遇到什麼奇怪的人，都可以讓自己心平氣和（當然，根據奇怪的程度，所需的時間也會變長）。

無論是對人失望,還是對事情的結果不滿,都應該為自己準備一個盾牌,告訴自己「無所謂」,然後在發表意見的時候,拿出「不是就算了」的態度。在人類即將滅亡以前,拯救自己心靈的方法可以如此的簡單。

# 人際關係極簡主義

當搞不清楚自己對某人的感覺時，

最準確的確認方法就是

觀察自己是否會對對方提出的小提議
感到不耐煩。

把「不耐煩測試儀」放在胸口，然後靜靜地去聆聽。

　　在我看來，整理人際關係時，沒有比「厭世主義」更優秀的石蕊試紙了。即使是有些麻煩的事情，但如果自己對對方有好感的話，也會欣然地接受對方的提議。與某人在一起的時候，自己是否會覺得不耐煩呢？如果連這個問題都懶得去想，那是時候果斷放手與他的緣分了！

　　現今世界，沒有比選擇和集中精力更重要的事情了。況且人們不是常說「不動心就放棄」嗎？與其維持各種停滯不前的關係，倒不如成為「人際關係極簡主義者」。

　　你的手機裡是不是有一堆不想回覆的簡訊呢？如果有的話，那我極力推薦你，不如先重新整理一下與那些傳來簡訊的人的關係。

# 如果累的話，就表達出來

∨

如果你的一天過得非常舒心和滿足的話，

我敢說，在你身邊一定有非常關照你的人。

如果沒有他人的關照和親切對待，
絕不會有平靜的一天。

早先韓國流行過「瘋子質量守恆定律」的說法。意思是說，任何地方都存在著一定比例的瘋子。如果現有的瘋子消失了，那麼原本很正常的人便會突然做出瘋子的舉動。無論怎麼看，都覺得自己周圍沒有瘋子的話，那你很有可能就是那個瘋子了。

這則笑話說明了我們的心理在集體關係中，起到了怎樣的作用。大部分的人都會站在自己的立場看待世界和他人，因此越是習慣了被他人關照，越是看不到他人的不便之處。因為這些人單純地認為，自己舒服了，對方也會舒服。相反的，習慣於設身處地為他人著想的人會經常感到不自在，因此也會對他人的不便之處十分敏感，進而越來越關照他人。正因為這樣，那些俗稱「瘋子」、以自我為中心的人，越是看不到他人的關照和不便之處。

既然已經為了這些「瘋子」做出犧牲、關照他們，那麼如果累的話就表現出來，有苦就說出來。與其悶不吭聲希望對方理解，不如有話直說。這才是互相關照的捷徑。

# 治癒「裝酷病」，
# 成為有禮貌社會一員的方法

……所以部長的意思是
重做～

嗯，客觀來講，部長說得
沒錯。

既然要做，就應該
做好～因為是我，
才會這麼坦白地告
訴妳這些！

1.要知道裝酷式的直言快語會給他人造成傷害。

2.不加過濾，想說什麼就說什麼的話，
就不要渴望得到對方的理解。

3.發問前先思考一下，
這個問題是否超越了底線。

# 我們的親密關係就到此為止吧

∨

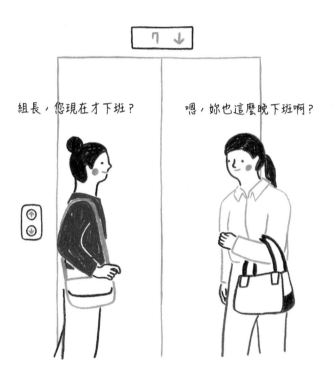

組長，您現在才下班？　　　嗯，妳也這麼晚下班啊？

我希望對方喜歡我，

也希望我們能成為朋友。

但我不希望關係過於親密。

　　我認為透過工作結識的人，就算關係再親密，也不能成為私下的好友。因為工作時的我與跟朋友在一起時的我非常不同。出於擔心自己下意識的感情用事會對職業生涯造成影響，所以我會刻意與對方劃清界線（因為有過幾次越過那道線的經驗，所以會更加小心謹慎）。

　　從事插畫和寫作以來，有很多事都要與出版社的負責人聯絡。有一天，我發現編輯和幾位作者的關係非常親密，看到這種密切的商務關係，不禁心想自己是不是跟責編過於疏遠了。雖然我並不渴望建立那種親密的關係，但奇怪的是，內心卻很是羨慕。我感到非常混亂，懷疑自己是不是太過冷淡、太沒有人情味了。不管我怎麼想，都覺得依照自己的性格無法跟透過工作結識的人那樣相處。

　　雖然想與對方變得親密，但又不想建立那麼密切的商務關係。我們的親密關係就到此為止吧。

# 請迎合我一下好嗎？

有些人覺得他人迎合自己，

是一件理所當然的事，並且對此心存期待。

但是也有一直迎合對方，才覺得安心的人。

在人際關係中，
過度抑制自己的需求來迎合對方的話，

等於是沒有給對方

還是家裡最舒服。

雖然見面很開心，
但為什麼這麼累呢⋯⋯

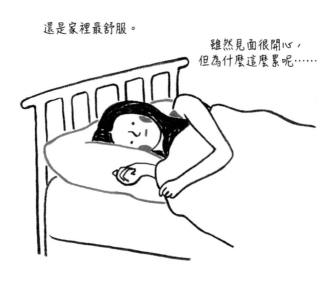

了解和迎合自己的機會。

　　我看過一段採訪外國人講述「韓國生活之苦」的影片。當時，出於好奇點擊了播放，但沒想到會受到意想不到的衝擊。

　　「我在咖啡廳買咖啡，但所有人都用英語回答我，大家不給我練習講韓語的機會。」

　　我回想了一下，在遇到外國人的時候，自己也會這樣，也會用不熟練的英語回答對方，甚至還會緊張到講不清楚內容。可我從來沒有想過這些旅行者希望學習和練習講韓語。我自以為這是在為對方著想，但轉念一想，這種「關照」也會因各自的立場不同，而接受的不同。

　　不光是對外國人如此，除了非常親密的關係以外，在大部分的關係裡，我都會優先考慮對方的意見和要求，覺得迎合對方才會安心。難道說，這與童年時學習的傳統美德「讓步」有關嗎？也許我一直誤以為這是自己熟悉的、唯一的交流方式，所以習慣了這樣。最終我只會按照自己習慣的方式採取行動，然後讓自己一直深陷在為他人著想的意識陷阱裡。

如此一來，只會增加在人際關係中的疲勞度和補償心理，而且不管相處的時間有多久，也不會拉近彼此的距離。因為一次也沒有真正的互相滿足過對方的需求。

　　以自己的立場為標準關照他人，有時還會傳遞出不同的意圖。不如偶爾坦誠地表達自己的需求，給對方一個迎合自己的機會。這反倒會成為一個能長久維持關係的方法。因為，自己真正想要的是什麼呢？如果不說出自己的想法，便不會有人知道。

# 不做「Insider¹」，
# 也不做「Outsider」的自由

∨

> 下次要換一家便利店了。

COUNTER

> 今天不喝一杯嗎？

那段時間，
一日一罐啤酒

社區便利店的
老闆娘

**過度的關心會讓人覺得有負擔，**

> 就算我在這個房間裡消失了，也不會有人察覺的～
> (BGM. Panda Bear)

> 如同空氣般的存在感…

**但又不想當一個隱形人。**

譯注1：Insider，인사이더，縮寫為「인싸」，韓國流行語，意指能夠積極參與
　　　各種活動及團體的人，也帶有潮人、引領潮流的意思。與之相反的
　　　Outsider，아웃사이더，縮寫為「아싸」，意指不合群和落伍的意思。

喜歡華麗的東西，但不喜歡被人認出。

與人交往是好事，
但不喜歡。

害羞的關種[2]

受人矚目，
教人害羞且不自在，
但卻樂在其中。

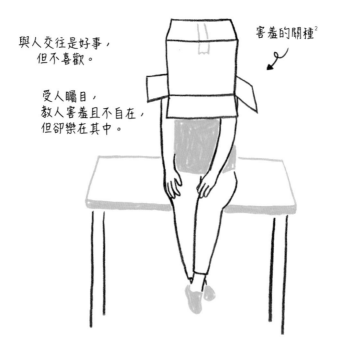

我正活在「Insider」和「Outsider」之間。

譯注2：關種的韓文관종，為「관심종자關心種子」的縮寫，帶有貶義含義，意指故意用誇張的行動來博取他人的注意和關心。

　　雖然我很害羞，但卻是一個需要持續被關心，又「小心翼翼的關心種子」（見左頁譯註2）。因此有時會羨慕那些「Insider」，卻也不想自己太顯眼和引人注目。即使在心底暗自期待有人關注自己，但突如其來的關注也會讓我覺得有負擔，進而想要逃避。教人覺得奇怪的是，如果遇到對自己無動於衷的人，我反倒會卸下防備，產生想要靠近對方的衝動。

　　不光是我，很多人都會根據對方或情況，隨時改變自己的態度。這是因為，兩個人以上聚在一起時，會產生「關係的流動」（心理學上稱之為「團體動力」）。

　　例如，在描寫人類與人工智慧愛情的《雲端情人》中，主人翁西奧多和OS（人工智慧操作系統）莎曼珊會像拔河似的形成關係的流動。在這種關係中，莎曼珊模仿人類的共感能力，透過學習自我發展。既然連OS都可以這樣，更不要說我們在人際關係中的行為和傾向了。我們的心，絕不是固定的，而是會自然發生變化的。

　　「關係的流動」也是如此。我們一生都在他人的過度關心和漠不關心之間摸索尋找著平衡的關係。這個過程並不總是愉快的，但不可否認的是，我們的生

活也由此變得更加豐富多彩和充滿意義。難道不是這樣的嗎？

---

維持健康關係的
## 適當技巧

∨

如果有人與我保持距離，我就會想要靠近對方。但當對方靠近我時，我又會想與對方保持距離。這種心態一點也不奇怪。不必把自己歸類於「Insider」或是「Outsider」，也無需定義自己，只要讓自己在各種關係裡自由的生活就可以了。

---

# 如同小髮夾一樣的人，
# 需要他時卻找不到的人

∨

有些東西就跟麻煩一樣圍繞在我們周圍，
可當真正需要它的時候，卻又找不到了。

髮夾、自動鉛筆芯、潤唇膏、雨傘，以及……

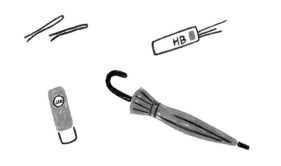

需要他的時候，卻總是很忙碌的人。

如果需要的時候不在身邊，
那與當初就沒有這個人又有什麼分別呢？

哪怕是隨處可見的小髮夾，可當真正需要它時，卻找不到的話，那它就等於是無用之物了。人也是如此，那個人明明就在某個地方，可當真正需要他的時候，卻聯絡不上。我們身邊都會有這種如同小髮夾一樣的人。他需要我的時候，可以隨時找到我，但當我需要他的時候，卻聯絡不到人。如果我表達不滿的話，對方還會把我當成過於依賴自己的人。哎，這傢伙太過分了。至少小髮夾不會讓我感到寂寞。

正如我們不會對在不需要的時候出現的小髮夾充滿感激一樣，我們也很難記得那個偶爾在需要的時候出現的人會有珍貴。正因為這樣，我們大可不必為了留住那個像小髮夾一樣的人而努力。需要他的時候，卻找不到人，那還不如當作根本沒有這個人。

# 愛情結束的瑣碎理由

∨

愛情

以不怎麼了不起的理由開始，

## 然後又以瑣碎的理由

結束。

47

# 徹底忘記的權利

∨

原本過得好好的一天，

卻被一則提醒簡訊徹底打亂了。

三年前的今天

我討厭的，不是看到你過得若無其事，

而是討厭一直放不下的自己。

忘記，不，就連被忘記都不能隨心所欲。

∨

　　有時「推薦朋友」或「N年前今日的回憶」等SNS
功能會讓人感受到數位和大數據時代的弊端。雖然過
去的回憶會令人心頭一暖，但也會讓人在難以設防的
時間點回想起過往的事。

　　這種數位時代裡的關係，即使讓人覺得輕鬆，卻
也很難輕易了斷。這種關係應該看得多重要呢？又或
者應該看得多輕鬆呢？怎麼做才能儲存和整理好呢？
按下「封鎖鍵」就能徹底結束這種關係嗎？

　　我知道無法不去在意過去付出過真心的緣分，而
且依舊無法釋懷那些回憶。

　　但近來的我，卻迫切地需要徹底忘記和被忘記的
權利。

# 再也不相往來的人

$\vee$

對於再也不相往來的人，

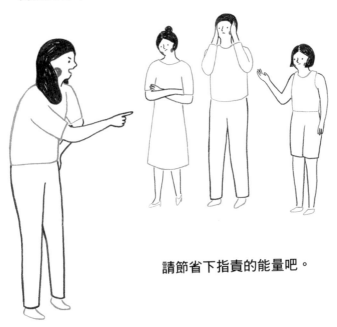

請節省下指責的能量吧。

指責

是表達自己的慾望

最悲慘的方法。

…

嗨！
我是他人心中，
自己所討厭的樣子。

我在回想周圍的朋友時發現，比起與自己性格相似的朋友，更多的朋友則是與我性格相反的人。因為我很容易將自己與他人同等看待，所以能夠比較寬容地對待與我傾向不同的人，卻很難與自己存在相同缺點的人相處。因此，很多時候對他人發脾氣，實際上都是在對內心深處的自己生氣。

對他人持有的負面、敵對的情緒，只會轉移到自己身上，令自己生病。另外，很多人會透過指責和發洩脾氣來證明自己是正確的，但這樣反而給了對方看穿自己的機會，讓對方知道你是一個不善於調整情緒和不成熟的人。

即使這樣，還是要發洩脾氣的話，那就有必要先區分一下這是不是在指責內心的自己，以及是否真的有必要這樣做。最好再來思考一下，對方是否重要到可以在自己的評價上留下瑕疵，並且耗竭自己的能量。與其把自己寶貴的能量用在討厭一個人身上，倒不如盡可能地使用在喜歡的人身上。正因為這樣，對於那些再也不相往來的人，還不如收起指責的心。

## 難與他人相處的一群人

哎～人際關係好難。　　一點也不簡單。

如果能與某人以「難與人相處」
為主題展開聊天的話，

這件事只跟妳說……

便會迅速產生默契和凝聚力。

但隨著時間的推移，這種默契會變得細分化，

因此經常讓彼此感到難以理解對方。

「講共同敵人的閒話」可以讓毫不相關的人們團結在一起，而僅次於它的聊天主題就是「人際關係的苦惱」了。哪怕是全世界最知名的人士，或是國家領導人也或多或少存在人際關係的問題。

對我而言，如果不是非常信任的關係，有些話便難以說出口。所以當我向某人傾訴人際關係中遇到的問題時，就等於是告訴對方：「我們現在是可以互相信任的關係了」。

傳遞真心和交流的過程，可以讓彼此的關係變得牢固。隨著時間的推移，這種關係也會變得比其他關係更加深厚。但遺憾的是，不管多麼深厚、親密的關係，還是會因彼此所處狀況帶來的苦惱和關心的事情而再次變淡。

人，究竟是什麼，為什麼會如此難以相處呢？無論經歷過多少次，都只是覺得習以為常，然後還是一如既往的困難。

# 飢餓的心

∨

睡不著的凌晨，

不知打開過多少次冰箱，

但卻沒有找到可以填飽肚子的東西。

因為飢餓的不是肚子，而是我的心。

# 婚禮上遇到的同學

∨

我隱約記得她的長相，
卻怎麼也想不起她的名字了。

我先假裝認出她了。
就在我們無話可說，感到尷尬的時候，

我暫時回到了讀書時候的自己。

當年是那樣的，
但如今的我們真的變了樣子。

〉

　我本來就記不住人名，所以碰到久未聯絡的同學時會覺得非常尷尬。出於內疚，我只好假裝記得對方，刻意找出陳年舊事一邊談笑風生，一邊吃著飯。

　讀書的時候，自己所屬的團體彷彿就是一個唯一的大世界。等到多災多難的時間流逝以後，看到大家各自生活的樣子，真不知道自己為什麼當年會那麼執著於小團體裡的關係，以及為什麼那麼辛苦。

　我始終沒有記起那個人的名字，也許未來我們再也不會見面。我熱情地跟老朋友道別後，帶著微妙且恍惚的心情回了家。

# 心動的機會成本

∨

## 十二月的聯誼

大衣

羽絨衣

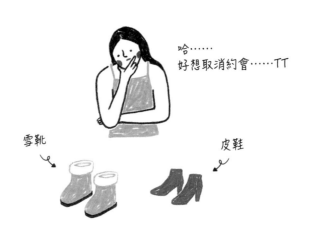

哈……
好想取消約會……TT

雪靴

皮鞋

七月的約會

心動總是伴隨著名為舒適的機會成本。

哈……
好想取消約會……TT

對於宅男宅女，或是有著嚴重厭世情結的人來講，在盛夏或寒冬出門與人見面，簡直可以視為「真愛」。這些人會因為天氣好、天氣不好、天氣剛剛好，而被宅在家裡的慾望所支配，他們必須拿出雙倍的熱情，才能脫下領口寬鬆T恤所帶來的舒適感，以及超細纖維睡褲給予的柔軟感，然後去打扮自己。一般來講，這些人比起麻煩，更容易選擇孤獨，所以想要體驗心動也便成了一件不容易的事情。

# 現在這樣就很好

你不談戀愛嗎?

怎麼說呢……
如果現在談戀愛的話,
那必然要以結婚為前提了。

不結婚也可以
談戀愛啊。

那最後的結局不是結婚,
就是分手,我既不想結婚
也不想分手。

我也沒有信心能對其
他的生命負責任。

現在這樣就很好……
難道就這樣下去不可以嗎？

## 漸漸緊閉心門的原因

˅

這個怎麼樣？

妳怎麼只挑這種東西啊～
我們去看看別的吧。

在連瑣碎的選擇和判斷都無法受到尊重的關係裡，

我們週末去這裡啊？
聽說在搞活動！

去人多的地方做什麼？
看人啊？

我們會慢慢緊閉上心門。

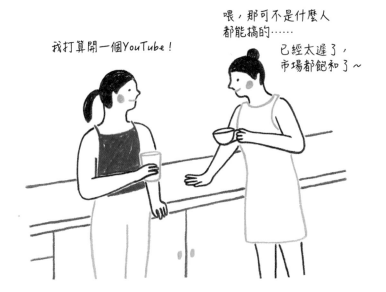

喂，那可不是什麼人
都能搞的……

已經太遲了，
市場都飽和了～

我打算開一個YouTube！

因為這些負面的情緒累計下來，
就等於是在否定自己。

即使有時很難徹底接受某人的選擇，

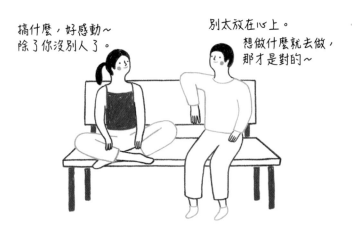

但至少應該尊重對方的選擇。

我在成長的過程中沒有經歷過所謂的青春期，直到長大以後才著實體驗了一次「後青春期」。那段時期，我在與周圍人的關係中，凡事都很固執。在親密的關係裡，我傾注了太多的能量以扭曲的方式來證明自己受挫的自尊感，因此沒有傾聽過自己內心的聲音。現在回想起來，這是最令人感到遺憾的一件事。

哪怕是瑣碎的事情，一旦反覆經歷對方不尊重自己的話，最終比起尋找自己想要的東西，便只會更專注於反抗，直到自己的意見得到對方的認可為止。即，徹底反駁對方的意見，讓堅持己見成為自己唯一的目標。

如果這種情況持續下去的話，便很難對自己的選擇產生確信。如此一來，便會對新的挑戰和嘗試猶豫不決，還會感到極度的不安。這是因為對自己已經失去了信心。

身為美劇迷的我，最喜歡的表達方式之一就是：「I understand you, but…（我明白，但是……）」。我認為如果想反駁對方的意見，至少應該先給予對方理

解和尊重。僅此一點便可以讓對方知道你有多珍惜彼此之間的關係了。

# 沒有人因愛而分手

世上有幾句最狡猾的話。

我對妳厭倦了。

因為太愛妳，所以離開妳。

我再也不想
對你好了。

我怕自己
辜負你的好。

我沒有從前那麼
喜歡你了。

希望你能遇到比我更好的
人，過上幸福的生活。

即使有迫於無奈的離別，

但絕對不存在因為愛而提出的分手。

因為我太愛妳⋯⋯　　　　　哼～
　　　　　　　　　　　　給我閉嘴。

# 深愛的人們

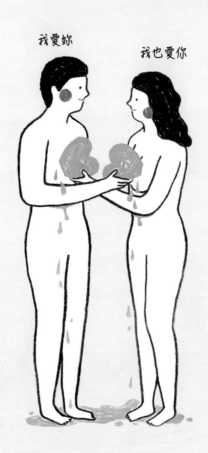

「我這麼做都是因為太愛你了。」

有時候，就算腦袋知道這不是健康的方法，但還是會下意識地說出傷害對方的話、做出傷害對方的行動。親密的關係會讓我們更想了解對方、分享更多事情，但這樣反而會讓對方感到痛苦，然後自己也會跟著痛苦。

即使事後後悔，但那些已經養成習慣、不為對方著想的行動，只會反覆互相傷害。這就好比把親密感當成了一張可以肆無忌憚講話和採取行動的自由券。如果心中只在乎自我表達的自由，便不會考慮到為對方著想和尊重對方。這樣一來，搞不好會在失去自由以前就先失去了對方。

心的尖銳部分也會成為刺傷對方的長槍。如果有人以「這都是因為愛你」來傷害你的話，那這不過就是一種以愛為名的暴力罷了。

―――――― 維持健康關係的 ――――――
**適 當 技 巧**
⌄

即使相愛、親密無間，但這不等於可以肆無忌憚的講話和行動。
每個人的自由都不應該成為施加在他人身上的暴力。

# 度過失戀期

∨

即使是購物

壓力性瘋狂購物的痕跡

或點了好吃的外賣，但還是走不出谷底的時候，

我真的不知道該怎麼辦了。

如果有人能告訴我，度過失戀期的方法就好了。

被眼淚浸濕的
炸雞

經歷過失戀的人都會知道，就算在搜尋框裡輸入「度過失戀期的方法」也找不到任何切實有效的方法。為了克服這種沮喪感，我們會尋找這樣或那樣的事情來做，但這些不過都是權宜之計罷了。彷彿有人在殘酷地警告我們，不要再輕易搞丟最珍貴的東西了，再搞丟的話，就要再經歷一次現在的痛苦。

雖然這樣講很殘忍，但似乎沒有什麼特別的方法可以輕易克服沮喪感。我們只能默默地讓這段時間過去。到目前為止，我還沒有找到比這更好的方法。

# 擔心被人發現自己不是一個總是開朗的人

∨

無論是什麼團體，總有人能像空氣一樣，
自然而然地融入其中。

但也有人會對融入新團體倍感壓力。

事實上，不光我覺得尷尬和充滿戒備，
對方也在時時警惕著我。

...

這時，最好不要勉強自己。

交給時間，慢慢來接受彼此吧。

我有點怕生，但對這樣的我而言，最困難的事情並不是初次與人見面，而是第二、第三次見面。在初次見面的人面前，扮演一天與原本的自己不同的人，其實不是一件難事。相反的，打過照面，但尚未成為朋友的關係才最讓人覺得不自在。因為我會擔心隨著時間的推移，對方會發現我最初扮演的角色不是真實的自己，而且沒有那麼優秀，也不是一個一直開朗的人，因此會不想跟我做朋友。

這種擔憂只會讓人感到不自在，不管說什麼最終都只是維持在表面的關係。因為我先僵持不下，所以對方很難靠近我。這時，如果因為不安而急於親近對方，做出無禮舉動的話，很有可能會適得其反破壞彼此的關係。

每當這時，我就會思考自己是如何看待自己的。

「我究竟是怎麼看待自己，才會這麼在意別人眼中的自己，讓自己如此僵持不下呢？」

從這個觀點出發以後，我發現不光是我，很多人也很在意自己，而且對方也和我一樣，只是處在戒備的狀態下而已。也許對方在徹底認識我以前，也要先慢慢地探索。當想到這些時，我才看清了對方的心。

我們只要給對方一點時間，讓他卸下戒備就可以了。

當然，我們也要敞開心扉。

# 「善良人」與「壞傢伙」

他人溫馨的家庭，

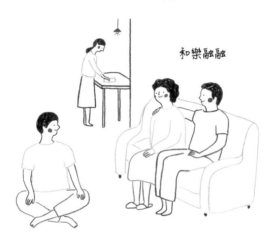

卻是某人的婆家世界。

他人的「破車」，

我們分手吧。

卻是某人的「賓士」。

恩恩愛愛

長大是發現並且接受他人多元的模樣。

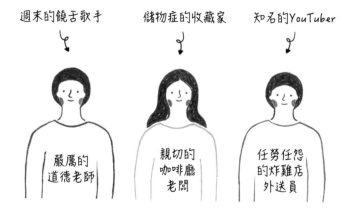

　　人心真的很奇妙。我在畫畫的時候，總是希望能畫出自己專屬的風格，好讓別人一眼就能認出那是我的畫。但當有人說認出了我的畫時，我又會感到害怕，因為我會擔心自己被束縛在一種固定的形象裡。與此同時，我還會習慣性對周圍人賦予單一的形象。

　　所以當看到小時候稱呼「奶奶」的人們，成為別人的「婆婆」或「親家母」時，就會感到大吃一驚。即使我不想承認，卻必須接受與我沒有緣分的對象，也許會成為別人眼中獨一無二的浪漫主義者。

　　世界上並不只有「善良人」與「壞傢伙」。我在所屬的關係裡，也不可能成為所有人眼中的好人。如果能接受這個事實，說不定就能有雅量地去理解自己無法接受的關係了。

# Part 2

## 就算不能與大家和睦相處
## 也沒有關係

# 在與世界的關係裡，
# 不要讓自己成為乙方

∨

總是我去找你，

總是我來配合你的時間，

為什麼你總是把我排在後面呢？

一直不顯示已讀

我再也不會去尋找這個問題的答案了。

從現在起，我決定終止這種乙方的關係。

雖然明知道不必那樣，但在人際關係裡，似乎更喜歡對方的人往往會成為乙方。不光是戀人，就連朋友和同事之間也能感受到彼此態度的微妙差異。

　　面對他人小小的善意，自己是不是賦予了過度的意義呢？相反的，對於他人的無心之舉，自己是不是又太在意了呢？如果經常出現這種情況的話，那麼你很有可能在這段關係裡處在乙方的位置了。

　　當人際關係的範圍逐漸縮小時，我們會更加難以忍受孤獨。如果人際關係的範圍過於狹隘的話，我們對周圍所有的關係都只會聚焦在一個人身上，並對此心存感激。

　　當然，每個人珍惜、疼愛對自己重要的人的方式各不相同，但如果對方在這種關係裡只把他自己放在首位的話，我們便沒有必要心存感激了。所有的關係不都是「Give & Take」嗎？也就是說，對方也會在彼此的關係中獲取價值，因此沒有必要讓自己像一個欠債的人一樣低聲下氣。

　　隨著建立關係的對象或情況的不同，我的立場和態度也會自然而然地發生變化。即使不是刻意的，但說不定我也扮演過甲方，又或者是現在正在扮演甲

方，因此沒有必要覺得過去扮演乙方的自己，又或者是現在正在扮演乙方的自己很可憐。

　　但我們要銘記的是，如果現在自己正在某種關係中扮演乙方的角色的話，那這種態度便會影響到接下來的關係發展，甚至還會影響到自己，以及自己的整個人生。如果我們不主動擺脫乙方的角色，搞不好會在不知不覺中淪落為世界的乙方。

# 自己覺得不自在，就是不自在

∨

**在向無禮之人表示不滿時，**

**如果對方一點也不覺得抱歉的話，**

我反倒會覺得自己好像成了壞人。

但明明無禮的人是他啊。

　　有些人擁有一種神奇的力量，明明是他們自己犯了錯，卻能讓對方充滿歉意。這些人會在我覺得不自在的地方貼上「敏感」和「誇張」的標籤。即使我的腦袋明知道這不是我的錯，但聽了他們的一番話以後，會變得畏手畏腳，對自己失去信心。所以我會問周圍的人：

　　「我遇到了這麼一件事，心情很糟糕。你覺得是我敏感嗎？」

　　然後我還會浪費人生來換位思考，如果是別人遇到這種狀況會怎麼處理呢？

　　就算自己不是一國之君，但心情不好的話，那就是不好。自己覺得不自在，無需任何人來同意。活在這個人人愛多管閒事的世界裡，希望我們都能尊重彼此表達感情的自由。

──── 維持健康關係的 ────
**適 當 技 巧**
∨

就算自己是一個比別人敏感的人，但這也不能成為否定自己感情的理由。遇到自己感到不自在的情況時，就來反覆唸這句話吧：「我心情不好，那就是不好。」

# 沒有比較的安慰，沒有不安的祝賀

∨

有時，當我安慰疲憊不堪的你，

或是真心為你加油打氣時，
背後會存在一種冰冷的感情。

我會對這樣的自己感到厭惡和失望。

哎……
我真是夠虛偽，
令人厭惡。

與他人做比較後，產生的些許安慰與不安。

我的心啊，你從何時變得如此刻薄了呢？

有時候，我會對不能用真心安慰或祝賀別人的自己感到失望。對別人的痛苦感同身受，並且安慰對方的同時，我會下意識地覺得安心。祝賀朋友成功的同時，也會在心裡覺得自己變得很渺小。

在約束自己要做一個合格的大人，並且努力尋求安心的過程中，我是不是也在不知不覺間習慣了世界的相對評價呢？只有擊敗對手，才能確保自己的位置。難道不是這種不安，讓自己的心變得刻薄了嗎？

「比較」最可怕的一點是，它無關於現在的自己獲取了什麼，但隨著時間的推移會變成一種習慣。真正的自尊感不是透過比較獲得的相對滿足，而是來自於絕對的自我認可。只有記住這一點，才能放下比較和不安，用真心來安慰和祝賀心愛的人。

# 以眼還眼，以牙還牙

約出來見面，
卻只顧滑手機的人

搞什麼……每次都那麼慢回覆我，原來是故意的……？

對我無禮的人
→不必刻意對他無禮，但也沒有必要對他親切。

努力想要受到所有人關注的類型。

山是山……
水是水……

對我漠不關心的人
→我也沒有必要在意他。

珍惜我的人
→我也珍惜對方。

# 安定與熱情之間

雖然嘴上這麼講，但其實內心卻在期待

熱情的瞬間。

記得某一齣電視劇裡的台詞說：「戀愛是能讓大人期待明天的夢想」。雖然每個人對戀愛的期待值各不相同，有的人會把心理上的穩定、快樂或連帶感放在首位，但我覺得大家共同期待的應該是「樂趣」吧？沒錯，我們之所以想談戀愛，是因為想獲得樂趣。即使交往的對象再體貼、再溫柔、再讓人安心，但如果沒有一點樂趣的話，彼此的關係也很難發展下去。我覺得至少兩個人的笑點應該相同。

但令人遺憾的是，樂趣和有趣一定會伴隨著不穩定性。安全感的另一面一定存在著無聊。也就是說，安全感和活力不可能同時存在。同時期待擁有兩者特質的人，就好比要求設計出既簡單又華麗風格的客戶一樣。

也許因為我期待這種不存在的條件，所以總是遇不到跟自己「合拍」的人。其實，有些人跟我合拍，只是他們沒有同時符合這種條件罷了。如果想要安全感，那隨之而來的肯定會是某種程度的無聊。如果不肯放棄樂趣的話，那就要做好心理準備來迎接不穩定性了。又或者，可以先了解一下自己是一個能承受多少不穩定性的人。

在與他人建立關係以前，不如先來了解一下自己可以放棄什麼，以及排列出這些期待值在自己心中的先後順序。

# 不必故作瀟灑

……因為這件事，我跟男友吵架了。是我太過分了嗎？

沒事的，這沒什麼。越是喜歡一個人，越是會感情用事……

談戀愛時，不必因為無法理性地做出判斷
和採取行動而責備自己。

這可能怪我跟別人不一樣吧。

哪有～我也是別人的事能這樣說說。換作自己，我也跟妳一樣。

能夠保持理性的愛，不是真愛。

其實，大家都只是沒有說出口罷了。

在相愛和分手這件事上，
誰也無法瀟灑面對。

# 致憂心忡忡的你

$\vee$

有時，明知道只要有心動的感覺就足夠了，
但還是難以擺脫恐懼。

我已經喜歡上你了，
卻擔心你不喜歡我。

我們去那裡
坐一坐吧？

我只是想你了而已，

但內心已經做好了不要付出太多的打算。

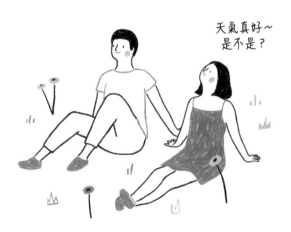

總是憂心忡忡的人在與他人建立關係時，最好牢記一點，那就是即使揣測未來尚未發生的事情，也無法從負面的結果中保護自己。做出負面的揣測以後，反而會讓自己產生不安，進而做出過激的行為，最終導致關係出現惡化。

當然，這並不等於說像孩子一樣毫無戒備、敞開心扉就會對建立關係有益。在建立一種新的關係時，計算敞開心扉的時間和程度是出於保護自己的本能。另外，需要花多久的時間來敞開心扉接受對方，也完全是個人的選擇。

但願這種對於未來的茫然和恐懼不會奪走當下關係中的珍貴瞬間，就讓我們把過分的擔憂稍稍往後推遲一下吧。

— 維持健康關係的 —
**適 當 技 巧**
∨

等真正遇到需要警惕的狀況時，再來擔心也為時不晚，不需要提早為還沒有到來的未來憂心忡忡。

# 若不能隨心所欲，
# 那就聽從心的旨意

∨

我的心為什麼不能順著我的意呢？

原本沒有的心，即使不費力也會產生，

但想要守護的心，卻也會無可奈何地消失。

真是好久不見啊～

是啊～

有時，最好的選擇就是放手，任由它來去。

## 比起勉強的原諒，不如生硬的安慰

⌄

面對他人給予的傷害，可以減少痛苦的方法是，

關閉全身所有的感覺，
然後用客觀的視角去看待事情。

這不是勉強的原諒和理解，

而是如實地認知已經發生的事情。

這就是我安慰自己的特別方法。

∨

　　每次在人際關係中受到傷害時，就算在腦海裡否定那段記憶，努力去迴避，但它還是會滲透進感情，然後或多或少的留在心底，成為現在自己的一部分。以我為例，當我想要安撫自己因他人而受傷的內心時，比起看小說或散文，我主要會看人文書。因為用進化的觀點來看他人的行動，或是用心理學理論來思考問題時，才會對撫平傷口有所幫助。

　　因背叛、分手、身體或心理上的暴力形成的心理陰影，以及由人際關係造成的大大小小的傷口，其問題本身就足以令我們感到痛苦了。但比起這些，更加為難我們的是，必須理解和接受對方做了「我不會做的行為」。正因為如此，我們心中的那道傷疤才不會消失。


　　當遮掩的傷口和尚未處理的感情突然湧上心頭時，不必反覆去回想痛苦的記憶。但如果在人生關鍵的時刻，那道傷口妨礙到成長的話，最好勇敢地面對它一次。如果覺得這種過程過於痛苦的話，不妨冷靜地回想一下尚未得到治癒的傷口。這樣一來，也會對重組記憶起到幫助。

這樣做不是勉強自己寬宏大量地去原諒傷害自己的人，更不是給予對方免罪牌。這樣做是為了去除自己與對方的連結，可以從第三者的角度看待問題。也就是，不把對方看成「傷害我的人」，而是看成「有缺陷的人」。這樣一來，自己就可以用理智來看問題了。如果能召喚過去受傷的記憶，重新思考問題，讓內心充分地得以消化的話，便能更加容易地從痛苦中解脫。

# 無論何時，我的感情都是正確的

∨

最喜歡的聲音。

不想聽的聲音。

熟悉的語氣。

想要忘掉的語氣。

喜歡的香氣。

不喜歡的香氣。

喜歡你這一點。

不喜歡你這一點。

我們果然很合得來。

我們從一開始就合不來。

雖然我們都知道感情是沒有理由的，但在相愛時還是會想要定義開始的理由，分手時也會製造結束的理由。也許這樣做是出於擔心自己在感情上的選擇不夠成熟、不像個大人？所以才會覺得說服自己的理性，以及由此做出的選擇才能令自己感到安心。

　但這樣的理由並沒有多大的意義，有時與事實也相距甚遠。感情消失以後，很多記憶都會被重新編輯。正因為這樣，我們才會醒悟到曾經覺得與某人合得來的理由，不過都是自己拼湊起來的碎片罷了。

　另外，在追溯過去的記憶時，會發現當初後悔沒能當機立斷結束的關係裡，其實早就已經有了結束的徵兆。這明明都是當時沒有察覺到的瞬間。就像這樣，哪怕是相同的情況，但賦予的意義不同，得出的結論也會完全不同。

　因此，沒有必要為了在關係中做出正確的選擇，而費盡心思地去尋找理由。即使沒有理由，我所感受到的感情也是正確的。

# 各自的回憶

∨

正如歷史是以勝利者的觀點紀錄下來的一樣，
所有的關係也都會以各自的方式儲存在記憶裡。

因此，經歷過相同場景的兩個人，

在某一天的不同時間和不同空間裡，

會留下完全不同的回憶。

# 相信關係，但不要相信人

∨

最痛苦的事，莫過於被信任的人傷害。

其理由並不是因為受傷本身，

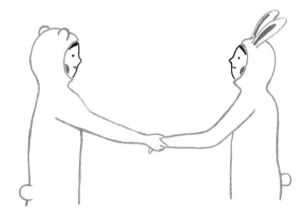

而是連信任過對方的自己也開始令人討厭了。

「相信關係，但不要相信人。」

這是我在人際關係中牢記的一則鐵律。因為我覺得，包括自己在內的所有人都是脆弱且不可信任的。為了生存，人隨時都可以改變自己的信念和立場。對此，任何人都不能做出指責。

正因為這樣，我相信「關係」勝過於相信人。在當下建立的關係中，我會誠心誠意地相信對方的言行，但心裡也明白對方是隨時可能改變的人。這樣做，可以明確地區分對方的態度變化與背叛。因此，當被信任的人傷害時，我才不會讓自己一直深陷受害者的誤區。

儘管如此，你還是心甘情願地去相信他人，那這份心就太珍貴了。假若你能懷揣這樣的心，請不要忘記，你已經是一個非常可貴的人了。

---

維持健康關係的
## 適當技巧

如果被信任的人傷害了，那就把責任留給那個原本信任卻不珍惜你的人吧！

---

# 雖然孤單，但我不想談戀愛

雖然孤單，但我不想談戀愛。

雖然孤單，但我不需要結婚對象。

我們

需要的是……

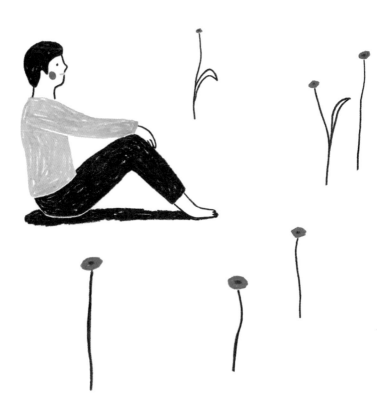

愛。

每當看到不斷增加的皺紋和逐漸粗大的毛孔時，我就會感到不安。當可怕的無聊和孤獨伴隨著「一個人」的舒適感湧上心頭時，我也會嘗試與人交往。但當察覺到對方需要的不是人生的伴侶，而是人生的助手時，我就會緊鎖心扉。因此，我常常對戀愛、婚姻，甚至所有人際關係產生懷疑。雖然我迫切希望擁有「在一起」的安全感，卻沒有信心可以承受婚姻制度帶來的各種壓力。

一定要結婚嗎？不結婚的話，真的會很寂寞、艱辛嗎？以這種心境能堅持幾十年嗎？總有一天會習慣自己一個人吧？戀愛或結婚，真的可以填補心靈的空缺嗎？為什麼我們要為了談戀愛和結婚而去愛呢？

恐怕以後也很難找到這些問題的答案。但以我迄今為止的經驗來看，可以肯定的是，越是把時間投入在表面的關係中，越是會加重孤獨和空虛感。所以我才感到害怕，害怕在沒有找到適合自己的愛情型態下，迫於社會制定的框架壓力，而隨波逐流的只專注於形式。

無論是戀愛，還是婚姻，我都希望愛情能成為兩個人在一起的首要條件，也希望維持愛情的型態本身不會成為相愛的目的。

## 隨時可以做出更好的選擇

∨

為了整理過去的關係，

不知從何時起，我不再相信「命運」，
而是相信起了「選擇」。

需要自己做出判斷的是，
是要用無處安放的傷口來掩蓋過去的關係，

還是把它當成自己選擇的過程。

所謂命運，
不過是把意義賦予在眾多偶然之中的一個上罷了。

在回首往事時，若把痛苦的關係看成一種無可奈何的命運，那麼那段記憶便會化成傷口永遠留在心底。假如把自己視為悲劇的主角，為自己的淒涼模樣而陶醉，只會讓情況變得更加糟糕。這等於是告訴自己「過去的我沒有控制狀況的能力」，而且單方面受到傷害的想法還會誘導受害意識。如此一來，每當在人際關係中發生類似的矛盾時，便會下意識覺得自己無法控制狀況，並且在關係中一直扮演被動的角色。

在心底整理過去的關係時，最好相信自己的「選擇」，而不是「命運」。相信選擇，可以視為一種在人際關係裡的自主宣言。透過這種方法，可以讓我們重新敞開因害怕受傷而緊縮的心門，還可以緊握住手中的選擇權。

我們可以自主地選擇應該與哪些人建立，並且維持關係，以及整理哪些關係和應該與他人保持多大的距離等等。就算是做了後悔的選擇，也沒有關係。因為我們可以從過去的選擇中受益，並且隨時可以做出更好的選擇。

# 我決定不再去想傷害過我的人了

$\vee$

我養成了一個習慣，不再去深想傷害過我的人了。

否定記憶似乎等於是否定自己。

但儘管如此，
某些記憶還是只能擱置在一旁。

然後在某一個因痛苦回憶，
而輾轉難眠的夜晚，

靜靜地發呆，等待著它像灰塵一樣散去。

# 唯有自己可以無條件地擁抱自己

ᐯ

小時候沒有得到過無條件的愛的人，

在與他人的親密關係中，會表現出特定的模式。

有時，除了做出連自己也無法理解的行動之外，

還會一直產生不被信任的疑問。

也許可以無條件擁抱自己的人，就只有自己。

有些人平時善於自我管理，可一旦談起戀愛，就會徹底打亂原有的生活節奏。相反的，有些人會迫於壓力，只肯以近似完美的狀態見人。還有的人會在他人面前突然變成另外一個人……像這樣，平時和談戀愛時判若兩人的人，似乎是在考驗對方能接受怎樣的自己一樣。

越是親密的關係，越是會渴望無條件的愛與接受。很多人都會存在這樣的想法，而且這是很自然的事情。但如果這種心理超越了社會普遍觀念可以接受的範圍，又或者做出了對方難以接受的行為時，彼此的關係便會出現裂痕。

心理學家認為，這種行為與小時候得到父母或養育者無條件的愛和支持的程度有關。雖然由此出現的依附類型是充分研究得出的理論，但如果對過去的感受理解不當，便無法在成人以後擺脫對於父母的怨恨，進而一直停留在不成熟的狀態。

我們無法改變過去。但是為了自己的成長和療癒，而且以長遠來看，也為了更健康、親密的關係，即使這樣做很難，我們還是需要在某一個時間點與過去揮手道別。我們早已長大成人，因此能夠給予內在

小孩（如同一個獨立的人格存在於精神世界裡的孩子）無條件的愛的人，也只有自己了。

# 就算不能與大家和睦相處，
# 但我仍是一個足夠優秀的人

$\vee$

比起成為大家都認可的好人，

我更想做一個即使只滿足自己，也足夠優秀的人。

與其在人數上評價人際關係，

不如製造適合自己的關係環境。

接受不與所有人和睦相處的自己，

是為了與自己更好的相處。

　　這就是上了年紀的好處嗎？很多事情都比從前看得超脫了，特別是對自己的價值判斷。幾年前，我都是從自己身上找問題，追問自己：「我算是一個好人嗎？」、「我這麼做穩重成熟嗎？」如今，我能充分地理解自己了。因為我放下了過去想在所有的關係中扮演好人的重擔。

　　我們不必在所有人面前做好人，也不用跟所有人和睦相處（維持生計所需的商業關係除外）。討厭一個人，只要在心裡默默討厭，然後漸漸疏遠他就可以了。是不是Insider或Outsider（請見第39頁譯注）又有什麼關係呢？只要根據各自的傾向和價值觀建立關係，並把關係發展下去就可以了。

　　回想起來，過去在學校和社會上認識的人裡，那些我努力想要維持關係的人，如今幾乎都已疏遠或遺忘了。只能靠過度包裝維持的關係，都會隨著時間的流逝自然而然地做出整理。

　　如果有機會告訴二十歲出頭的自己一件事的話，我一定會告訴自己牢記這個真理。

在建立人際關係時，執著他人所謂的「好人」評價，便等於是浪費毫無用處的能量。我堅信儘快認清這個事實，才能過上更明智的生活。在與所有人和睦相處以前，不要忘記，與自己好好相處比什麼都重要。

# 單身紅包

∨

每次好像都在大把大把地撒紅包。

(feat.米勒《播種者》)

大家結婚生子，有錢收，又有禮物拿……

但對於單身的我們來說，
這是多麼委屈的一件事啊！

哈……
我的眼睛出汗了……^ ^

從現在起，
讓我們來創造一個給單身發紅包的文化吧！

因為單身的人在這個殘酷的世界裡，
堅強的生存了下來。

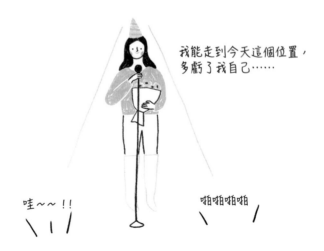

還要請他們吃烤肉。

這一點最重要。

（莫名的悲壯）

# 人力不能為之的就是人心

∨

不知從何時起，
我再也不會挽留想要離開的人了。

我既不尋找理由，也不怨恨對方。

只要幸福就好。

隨著年齡的增長，我領悟出了一個道理，
那就是人心絕不是靠人力能為之的。

打碎的碗，總有一天還是會裂開。
只能說那與自己無緣罷了。

不管那是不是真的，

但這樣想的話，我的心裡便會舒服一些。

　「他為什麼離我遠去？為什麼不再喜歡我了呢？」曾經的我會為了尋找這些沒有答案且毫無意義的問題而費盡心思。回首過去，似乎沒有比挽留已去的心更愚蠢的事了。

　有人建議，最好以「來就來，去就去」的心態來面對人際關係。如果能發自內心、自然而然地做到這一點，當然會對精神健康有益。但在現實生活中，恐怕只有修行之人才能做到這一點。像我這種凡人，萬一理解錯誤的話，怕是很容易陷入「誰都靠不住！人生反正就是孤單一人」的厭世主義或虛無主義。

　這種徹底不留戀過往的緣分，決心瀟灑處理感情的心態，源自於既然不能控制所有的關係，那還不如獨自一人的迴避心理。

　我們往往連自己的心都搞不清楚，卻花費大量的時間和精力去揣測、想像別人的心。我們連自己的心都不能隨心所欲，又怎能掌握他人的心，讓對方按照自己的意願去行動呢？

人力不能為之的，就是人心。與其把心思花在別人身上，不如先來照顧好自己。面對不能隨心所欲的事情，那就順著自己的心意好了。

# 心的保管所

$\vee$

有時，心會特別的痛。

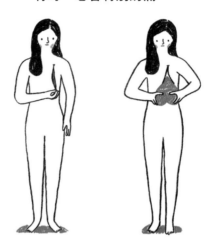

如果覺得沒有心臟該有多好的時候，

不如把它暫時寄放到「心的臨時保管所」。

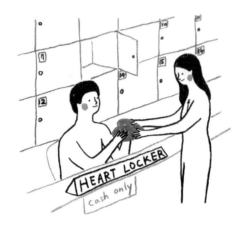

等到有了能承受痛苦的勇氣時，
再把它找回來。

每當負責超出自己能力以外的事情，或必須要見到給自己極大精神壓力的人時，我都會覺得身體不舒服。因為人的身與心是相連的，所以內心痛苦的時候，身體也會感到不舒服。心理學將其稱之為「軀體化」。特別是那些在適當的時期沒能被妥善照顧的痛苦內心，或總是下意識忍耐的人們，很容易出現這種心理防禦機制。

　　以我的情況來看，主要會出現毫無原因的偏頭痛、消化不良或嚴重的失眠，以及之前沒有過的暈車、耳鳴、皮疹，甚至還會牙痛。神奇的是，每當這時如果先解決了造成精神壓力的原因或狀況以後，身體的症狀便會自然而然地得到緩解。有過幾次這樣的經驗以後，我便能透過身體上的變化觀察出難以意識到的內心壓力。現在只要身體稍微出現異常的狀況，我就會立刻停下正在做的事情，回顧周圍的狀況和人際關係（我刻骨銘心地意識到，這是節省醫藥費最好的方法）。

　　每個人在生活中應該都經歷過一次軀體化，只是程度上的差異不同罷了。比如，傷心欲絕的時候，心

臟會出現痛症。這時，我都恨不得沒有心臟或是希望能夠拿掉感受到痛苦的感覺器官。

　　遇到這種時候，就思考一下自己是否執著於無法勝任的事情、是否與給自己造成壓力的人走得過近，以及眼下自己可以做哪些務實的事情？最重要的是，暫時停下來，給自己一些時間去回顧。如果能摸索出一個專屬的方法來撫慰因矛盾或喪失而痛苦的心，那麼便可以一起守住身體的健康了。

# 一個人不完整也沒關係

∨

你沒有想過嗎？

就算我們跟朋友見面或談戀愛，

結了婚，生了小孩，

但事實上，我們仍舊是自己一個人。

我們最後都得習慣一個人嗎？

不，
妳不會習慣的。

妳現在不是好奇
自己是否能習慣一個人，
而是不想習慣一個人。

如果你不想習慣的話，那就沒辦法了。

　　之前在孤身一人的濟州島旅行中，我就像在額頭上貼了這一張寫有「一個人」的便條紙一樣。雖然平日裡我能夠享受一個人處在人群中的孤獨，也體會過相對的寂寞，但孤身一人的旅行完全是處在另一種絕對孤單的狀態。當然，這樣能為日常注入新的空氣。但一個人的旅行並沒有想像中那麼瀟灑。在深切感受到孤身一人的幾天裡，我很快就沒電了。

　　據說，我們的大腦在感受到缺乏社會連結的痛苦時，所採取的運作方式與感受到物理上的痛苦時相同。對於把遺傳基因設計為只有群居才有利於生存的人類而言，習慣孤獨、變得泰然並不是意志的問題，而是生存的問題。因此沒有必要覺得不適應孤獨、不能獨立的自己是一個依賴他人和懦弱的人。

　　也許我們誤解了「一個人」。雖然我們總是覺得自己是一個人，但實際上並沒有徹底地獨處過。相反的，努力掙扎不讓自己一個人時，反而只能透過獨處才能讓自己變得成熟，將「一個人」昇華為一件神聖的事。

從這種意義上來看，偶爾刻意地讓自己處在絕對孤獨的狀態，也是一種不錯的經驗。像這樣，切身地感受「一個人」以後，也許就能了解自己所能承受的孤獨程度，以及必須把誰留在身邊了。

# 如果一個人能過得很好

⌄

安靜的下班路上，沒有任何事發生的夜晚。

一路上，沒有人問我吃晚飯了嗎？
也沒有人叮囑我不要太晚回家。

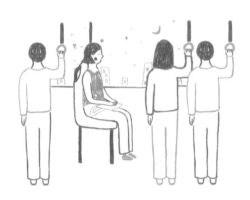

我覺得街頭的霓虹燈好美。

據說，如果一個人能過得很好的話，
便可以和其他人好好相處。

如今，我能和別人好好相處了嗎？

∨

# Part 3

# 人總需要有人陪

# 你與我之間有一條看不見的線

∨

雖然我待人和藹，

但這並不表示想讓關係變得更加親密。

雖然希望你能更喜歡我。

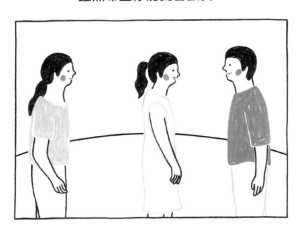

但不想喜歡你的我是自私的嗎？

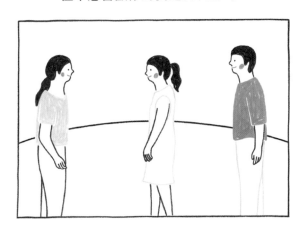

因為我害怕相處的時間增加，把心給了你以後，

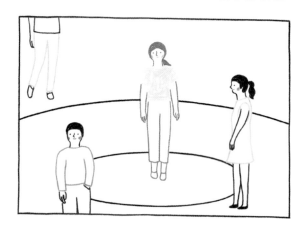

自己會變得越來越模糊。

除了家人以外，我會與認識的人或朋友保持心理上的距離，並且在心裡畫下界線。雖然我不會把這件事寫在日記本上或者告訴對方，但每次遇到需要協力處理事情或約會時間相互衝突的時候，我都會想起這道線，然後排列出優先順序。

據學者稱，在人際關係中保持適當的心理距離，既可以守護自己，也可以過上健康的生活。從這一點來看，我似乎也建立了健康的人際關係。

但我很難邀請站在警戒線外圍的人進入我所在的圓圈裡。即使我覺得彼此的關係很「親近」了，但還是會想到自己畫下的界線，有時還會過度執著於那道界線。不管是誰，只要多越過一步，我就會害怕無法守護自己。正因為這樣，不管多親近的人，我都會覺得彼此之間豎著一道玻璃牆。

我到底在害怕什麼呢？何時我才能跨過彼此之間的界線，鼓起勇氣建立親密的關係呢？

# 適當的不親密關係

有時，不太親近的關係

反而會持續更長的時間。

所謂的親密，

總是伴隨著期待與失望，

因此越是親密的關係越是會變得複雜。

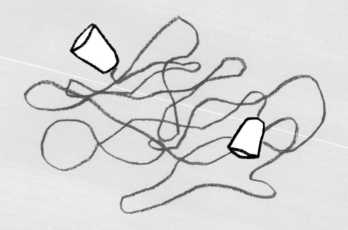

透過工作認識的人、有著相同愛好的朋友和偶然間透過別人介紹認識的人。雖然我很想維持一點點擴大的人際關係，盡職地做一個社會人，但對於Outsider（譯注：韓國流行語，意指不合群）體質的我而言，這並不是一件容易的事。因為我既想優先考慮對自己重要的人，同時又不想冷落和失去其他人。

由於人際關係無法獨自建立，因此我不能單方面的調整對方對於親密感的欲求，或是與所有人建立深厚的關係。正因為這樣，有時會需要一些技巧來保持既不遠也不近的適當距離。彼此手握的那條線，若拉得太緊會斷掉，拉得太鬆說不定又會纏在一起。

───── 維持健康關係的 ─────
## 適當技巧
∨

既不要過度，也不要缺少；既不要太遠，也不要太近；既不要太冷漠，也不要太熱情。根據情況，以自己最為舒服的關係型態「適當地」移動，成為一個「關係中的游牧民」吧。

# 內心的適當縫隙

∨

當連結你與我關係的線斷開後，

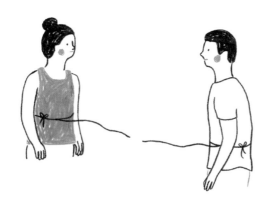

我會打上一兩個結，
製作守護自己的保護網。

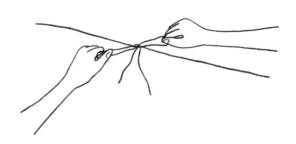

如果保護網打得非常密集的話，
我們就不會再為私人的關係而受傷，

同時也很難再讓任何人進入我的空間。

每當這時，
好朋友就會在保護網上製造一個適當的縫隙。

# 獨處與相處之間

$\vee$

沒有人傳簡訊會覺得寂寞，
有人傳簡訊會覺得麻煩。

與人相處時，很容易感到疲倦，
但獨處的時候，又很容易感到寂寞。

社交微笑

雖然一個人並不完整，

但無法再與他人相處的日子卻越來越頻繁了。

　　有些人感受的臨界點特別低，他們不但怕冷，而且也很怕熱。感情的狀態會隨著外部的刺激立刻發生轉換。

　　另外，也有情緒的臨界點低的人。他們與人相處時很容易感到疲累，但如果身邊沒有人陪的話，又很容易感到寂寞。在建立關係時，感情的狀態很容易從一邊抵達另一邊的極限。因此，即使覺得一個人不夠完整，但也很難讓自己處在關係裡。

　　不過這種善變的人也需要親密的關係。這些人在維持關係時，需要像平行遊戲（平行遊戲是指幼兒在玩遊戲時，雖然看似融入其他人，但彼此互不接觸、干擾，各自玩自己的遊戲）一樣看似分離，但卻同步的時間。保持適當的距離，慢慢增加親密感。如果用這種方式與他人相處的話，既不會失去一個人的時間和空間，同時也不會錯失珍貴的人。

# 沒有非他不可的人

⌄

因為每個人都存在接受關係的極限值，

所以只有在清空的時候才能再次填滿。

世上沒有非他不可的人。

只有篩出不尊重我的人，

才能有更好的人填補那個空位。

当我的自尊感相对较低的时候，会觉得周边很多人对我很随便或者不尊重我。那时，我会理所当然地接受这种状况。到此为止，这还算好的情况。可当我彻底失去自尊感的时候，就会变本加厉地把所有状况都归咎在自己身上。认为这是因为我的自私，不懂得为别人牺牲，所以才会遭受这种待遇。（尽管我牺牲自己来维持关系，但对方还是会让我产生煤气灯效应*。）

虽然当下会觉得很空虚，但最好还是远离那些不尊重自己的人。这就好比，虽然害怕肚子饿，但也没有必要用不好吃的食物来填饱肚子。在建立关系以前，最好用过滤网过滤掉那些不尊重自己，不考虑自己感受的人。只有牺牲自己才能维持的关系，既是不平等也是没有意义的关系。

---

维持健康关系的
## 适当技巧
⌄

清空了不尊重的关系所占的空间，由此产生的空虚感反而会成为遇到更好缘分的契机。

---

*煤气灯效应：是指两人互动关系中，扮演操纵者的人，保有对现实的掌控力，被操纵者会将对方理想化，按照操纵者的方法行事，以获得认可。这样情感操纵的状况不限性别，任何关系都可能发生。

# 喜歡某個人

∨

喜歡某個人的時候，

會神奇地體驗選擇性的去關注
與那個人有關的一切。

看到穿著相似的行人，

看到笑容相似的明星，

聞到類似的香氣時，都會想起那個人。

# 不滿足於心動的時候

我可以跟這個人繼續交往嗎？

怎麼了？你們又沒有馬上要結婚。

他似乎對我抱有很大的期待，這讓我感到很有負擔……我是那麼優秀的人嗎？

妳是一個很優秀的人。但如果他總是要確認這一點的話，妳確實會很辛苦。

我覺得一旦有了感情，
就難以承受，所以我連開始都不敢。
雖然跟他在一起很好，
但腦子還是很混亂，總覺得不安……

也許……
妳沒有喜歡他到
可以抵銷不安。

又或者是，
妳醒悟到了只擁有喜歡的心
是不夠的？

嗯……

對新認識的人敞開心扉成了一件越來越難的事情。雖然我不想把這件事看成是年齡的問題，但似乎的確是這樣。當然，這並不是年齡帶來的單純的數字問題。這些年來，我也拍過幾部人生的電視劇，對方只要念出一兩句台詞，我就能揣測出這部電視劇的結局。說好聽一點，這是人生的閱歷，但這種過分的揣測總會讓腦子一片混亂。所以就算產生了好感，也不會享受那份心動，而是冒出更多的想法，讓自己處在不安的狀態。

　　我從經驗中了解到，人無法適當控制自己的心，一旦產生感情便會一發不可收拾。也許正是因為這樣，我沒有信心控制自己的心，所以才會感到害怕，難以相信任何人。

　　當無法靠心動鼓起勇氣建立一種新的關係時，不妨暫時從人生的舞臺上走下來成為觀眾。帶著一種「觀察故事會如何發展」的心態，退一步來觀察自己身處的關係，說不定就能翻開更加有趣的劇本了。

# 緣分何時會來呢？

∨

當我們獨自一個人的時候，
基本上都是不想一個人獨處的時候。

有時，我想獨處的時候，
有人卻需要我的陪伴。

很諷刺的是，當我下定決心要一個人的時候，
才不會成為一個人。

# 傾注一次真心

∨

最重要的是……徹底傾注一次真心。

這樣一來，以後就知道應該投入多少真心了。

關係結束時帶來的唯一好處就是，能從經驗中獲得成長。我在關係中學會了如何投入適當的感情，所以再也不會危險地傾注全心全意了。我全身的細胞已經可以感知到調皮的心應該在哪一個時間點停下來。

無論遇到怎樣的人，在關係中反覆出現的變數都只是「自己」。透過各種關係，看清自己不同的樣子，才能從中學習到什麼和獲得成長。這就好比，有過幾次不省人事的酒醉體驗以後，便可以知道「再喝一杯會很危險的時間點」一樣。

如果你還沒有徹底傾注真心經驗，那不妨嘗試一次。因為所有的關係，不管其型態如何，都一定會留下教訓。

# 我決定不再留戀共同度過的歲月了

∨

不知從何時起，
我不再那麼關注昔日朋友們的日常生活了。

這是隨著年齡的增長而帶來的改變嗎？

因為共同關注的事減少，
所以變得疏遠。

好久沒見了，
聯絡一下……？

再見面時，
感覺也只是在說一些客套的話。

…

莫名而來的距離感和空虛感。

那個空位只留下了以朋友為名的義務感。

大家一定
都過得很好……

算了，
下次再說吧。

我常常會因為不常跟老朋友見面而覺得不自在。這是因為感到內疚嗎？還是覺得遺憾和難過呢？這種感情很難解釋。但遺憾的是，這些感情裡並不存在思念。正因為這樣，我才會覺得耿耿於懷。當然，也並不是完全不存在思念，只是比起現在的我們，我更思念的是過去的歲月。

　　在常人眼中，珍惜長期以來的緣分是一種美德。有時從這一點來看，我也會懷疑自己的人生是不是白活了。隨著年齡的增長，每個人的生活都發生了改變，彼此在心靈上產生距離也是理所當然的事，但有時還是會被莫名的義務感所壓迫。正因為這樣，大家才會定期抽時間來聚會。可是聚會結束後，又會產生與之前不同的空虛感和質疑。我要見的人那麼多，可真正想見的人卻很少。

　　友誼的深厚程度似乎並不能與時間成正比。不管是老朋友，還是新朋友，我都決定不再執著於建立關係的時間和共同度過的歲月了。更珍惜哪一種關係，完全是個人的選擇問題。希望自己儘可能地多接觸一些分享快樂的人。畢竟人生苦短，只能活這麼一次。

# 何謂友誼？

何謂友誼？

聊起平日裡對彼此漠不關心的人生時，

做出誇張的反應來表示感同身受，

以及**無條件地讚美朋友所愛的一切**。

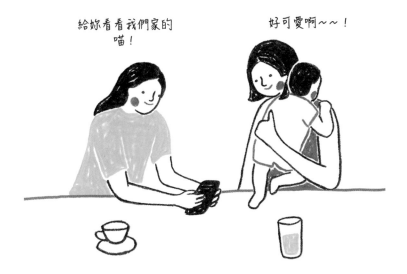

給妳看看我們家的喵！

好可愛啊～～！

# 人總需要有人陪

因為妳很獨立，無論什麼事都能靠一己之力做好，

有什麼事嗎？

嚴重 嚴重

所以我覺得就算我消失了，妳也不會在意。

沒事，什麼事也沒有！
最近工作怎麼樣？
準備好換工作了嗎？

妳只是不想依靠別人，進而保護自己。

原來妳也需要我啊。

我有一位看上去很獨立的朋友。雖然我們認識很久了，卻沒有非常親密的感覺。因為他從來不會先開口傾訴苦惱，也很少提出要我幫助的事情。朋友什麼事都能靠一己之力來解決，所以我覺得他不需要我。

　　但像朋友這樣的人，隨著年齡的增長也會發生改變。不知從何時起，我們開始分享之前不會交流的煩惱和感情了。就這樣，我發現其實他也很想依賴別人。他只不過是在不知何時會疏遠的關係中，一直很努力讓自己變得很堅強而已。

　　另一方面，當我在這樣的關係裡感受到新的親密感以後，隨之產生了比之前覺得自己不會給對方造成影響時更大的恐懼。我會對他人造成影響，等於是賦予了自己一種責任感。

　　我似乎明白了，為什麼養育生命的人們，就算會思考自己的人生方向，但不會特別對自我存在產生質疑。這是因為責任感成了維持自我存在的紐帶。建議憂鬱症患者養植物或動物，正是出於這樣的道理。

人活在世，對除了自己以外的存在帶來影響，這就如同生命力一樣。我們在生活中，都會不知不覺地互相依賴彼此。人總是需要有人陪。

# 各自在彼此的人生裡退後一步

真正的愛情不是以愛護對方為由，
試圖掌握對方的一切，

也不是以保護對方為由，
代替對方做所有的事情。

妳又要學什麼啊？
還以為週末能
待在一起呢……

真正的愛情，或許就是不給對方添麻煩。

做一些自己想做的事情時，

不會覺得對不起對方，

這才是真正的愛情。

相愛以後會發現，自己更在意的是「付出」什麼。因為相愛，所以希望能夠相互照顧、掛念、珍惜和保護彼此。

在愛情關係中，我們應該時時警惕「付出」以後，隨之而來的補償心理。自己付出了多少愛，便相應的希望得到什麼的補償心理，只會延伸出想要控制對方人生的錯覺。當對方意識到這種心理以後，便會持續產生必須還清這些愛的負債感。

「他對我那麼好」、「他為我犧牲了那麼多」的想法只會促使我們比起自己的選擇，更在意對方的心情。正因為這樣，我們才會對對方不積極贊成的事情猶豫不決，甚至對自己人生的選擇也失去自信，還會因為莫名的壓力而看對方的眼色行事。最終，連對方似乎不會同意的事情也不敢去嘗試，直接就放棄了。

為了把伴侶的人生和選擇引導到我所希望的方向，而在暗中埋下負債感，以此來操縱對方的話，那這就不是愛。比起盲目的付出，不如從彼此的生活裡退後一步。只有把精力集中在自己身上的時候，才能對建立健康的關係有所幫助。

為付出的愛賦予具體的意義,其前提是互相尊重彼此的人生。不要忘記,為了健康的愛情關係,尊重才是最基本的要素和邁出的第一步。

## 時間久了也不會覺得無聊

﹀

一些意想不到的小瞬間，
即使是過了很長一段時間也不會覺得無聊。

只有我懂的特有表情和小習慣，

溫暖人心的短暫瞬間。

就算時間流逝，模糊了那些記憶，

但我知道那瞬間的感情都是真實的。

# 不要把關係當做幸福的工具

$\vee$

他人的存在並不能成為幸福的鑰匙。

好的家庭、好的戀人和好的朋友
只能幫助我們幸福。

人只有認定了自己有多幸福，
才能變得多幸福。

人體的百分之七十是水，那剩餘的百分之三十是
什麼呢？以我的情況來看，似乎是不安感占據了剩餘
的部分。因為我屬於不安指數很高的性格，所以我會
很珍惜能夠坦誠分享各種不安感的關係。

因各種原因與朋友們疏遠的時候，起初我以為那
種寂寞是來自朋友消失後的空虛。但回顧過往，我突
然醒悟到，就算跟朋友在一起的時候，我也常常覺得
很寂寞。無論是朋友圍繞在身邊，還是交男朋友的時
候，甚至就連跟最親密的家人在一起的時候，我也會
覺得寂寞。如果你置身人群時感到寂寞，或者覺得跟
大家相處反倒比獨處時更寂寞的話，那你就能理解我
的這種心情了。

反過來看，我得出的結論是，任何人的消失和存
在都難以影響我的幸福。仔細想想，我所感受到的不是
因朋友的疏遠而導致的寂寞，而是感覺即將要失去原本
可以從分享重要的感情（情況因人而異，我的情況是不
安）或價值中取得的安全感。


與他人相處，能夠帶來心理上的安全感，卻很
難期待可以填補個人內心深處的空虛。儘管如此，作

為社會動物的我們仍需要透過人與人之間的交流和共感，製造出安全感。

　　我的幸福是只有自己能夠掌控的領域，但也能在多種型態的關係中得以實現。如果能了解這一點的話，便能滿足於與珍愛的人相處了。

# 食物的味道或風的氣息

⌄

記得有一次我吃了非常美味的食物。

但仔細想來，那頓飯是跟非常棒的人一起吃的。

因為我們的記憶依賴於感覺，

所以像是食物的味道或風的氣息
都會讓人想起某一段時光。

# 你真的和我很像

哇，我們真的好像！　　　　嗯……是嗎？

我們都是善於尋找自己和喜歡的人
共同之處的選手。

哇，我們真的好像！　　　　有嗎……

但其實，我們的不同之處比相同之處還要多。

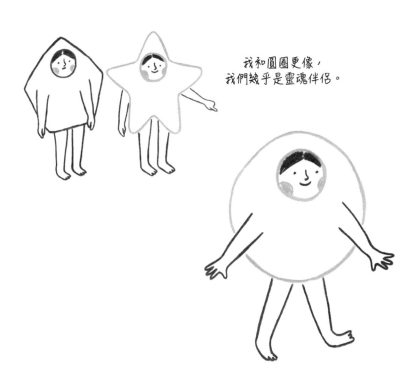

我和圓圈更像，
我們幾乎是靈魂伴侶。

也許「你真的和我很像！」的真正意義是，

「我想和你分享更多的事情」。

因為我們總是共享相同的時間。

在電影《戀夏（500日）》（*(500) Days of Summer*）中，主人翁湯姆對同事夏天產生了好感。就這樣，他僅憑對方和自己喜歡同一位音樂人的音樂，便單方面的認為這是命中註定的愛情。這時，湯姆的妹妹勸他說：

「漂亮的女人和你喜好相同，但這並不代表她就是你的真命天女。」

這種放大微不足道的共同之處的心理，難道不是源於自己想要與對方分享什麼嗎？很多時候，認為很合拍、很有默契都不過是一廂情願的想法罷了。人們堅信的「靈魂伴侶」從客觀的視角來看，不過是一種抽象的、幻想的概念而已。「我們很有默契」這句話不就是「我對你有好感，希望我們能彼此調整一下不同的地方」的另一種表達方式嗎？

我們會努力地尋找與喜歡的人所相同之處，相反的，也會費盡心思地尋找與討厭的人所不同之處。即使與討厭的對象存在一兩處共同點也會置之不理或強烈否定。像這樣，我們判斷他人與自己之間的共同點或不同點的基準，會根據好感度產生明顯的變化。

正因為這樣，如果總是看到某人與自己的不同之處時，最好理解為「啊，那個人讓我覺得很不自在」，然後與對方保持適當的距離。相反的，如果遇到與自己在很多方面相似的人時，在賦予過度的意義之前，最好先承認自己內心湧現的好感。

　　希望大家能夠表達自己的真心，不要因為費心苦惱對方是不是自己的命定安排而錯失良機。

# 很多事情都比吃飯重要

∨

### 由於每個人都有將自己感受到的缺乏點

### 套用在他人身上的傾向，

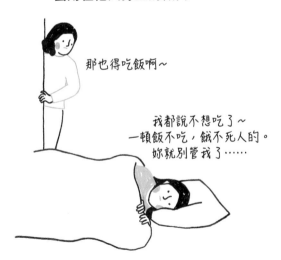

所以很多時候不知道對方真正需要什麼。

但了解後會發現，原來彼此的心都是相同的。

可是為什麼表達的方法會這麼難呢？

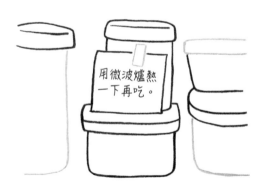

用微波爐熱
一下再吃。

我們會透過確認對方是否吃飯而送上問候，並約好下次一起吃飯。雖然我們熟悉了這種問候語，但從未真正擔心過對方吃飯的問題。我想真正關心這個問題的人，也只有自己的父母了。

　　據說，人們傾向於把自己在成長中缺少的東西給予所愛之人。或許正是因為如此，所以經歷過飢餓年代的老一輩才會比年輕人更看重解決溫飽的問題吧？雖然我們期待的不是一碗飯，而是得到認可、感同身受的一句安慰和靜靜地一個擁抱，卻總是得不到。對我而言，這世上有很多事情比吃飯更重要。

　　每個人的缺乏點不同，有的人渴望成就感，有的人渴望認可，有的人渴望愛情……但每個人都以自己所缺乏的角度來看待他人的處境。正因為這樣，才會傳達出失焦的安慰或建議。

　　不過這也是生活中正確認知自己的不足，而表現出的極其自然的樣子。每個人都會透過自己的經驗建立視角來理解世界。但最好也能偶爾透過他人的視角，以稍稍不同的觀點來看世界。這樣一來，就能學會另一種愛的方法了。

## 減輕毫無意義的人際關係的重量

∨

我不想再繼續維持
毫無意義和形式上的關係了。

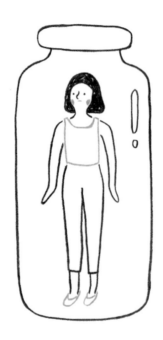

「因為不知道事情會變成什麼樣。」

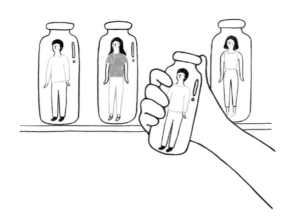

「也許有一天我也會需要幫助。」

我決定減輕出於以上理由來維持關係的重量。

因為我知道重要的是，現在在我身邊的人。

雖然有的關係很親密，卻會在某一個瞬間自然而然地變得疏遠。有些人畢業以後，忙碌於生活和工作，但偶爾也會見面分享過去的回憶。有些人步入社會、組建了家庭以後，便失去了聯絡。每當這時，我都會很悲傷，覺得好像自己從他們的人生裡被抹去了一樣。

　　特別是在過了剛步入社會和所謂的適婚年齡以後，有時可以切身感受到自己對於關係產生的懷疑。這是因為對那些為了即將舉辦的喜事，而赤裸裸的、莫名其妙地打來電話的人感到厭惡的關係。每次以就業、換工作、結婚和生子等事情為起點重新建立關係時，我都會對認識的人進行一次篩選，減輕毫無意義的人際關係的重量。

　　有句話說，在必要的時候、在絕妙的時間點出現的人才是一生的緣分。朋友也是如此。如果有人能在適當的時間點出現在我的生命裡，彼此分享瑣碎的日常生活的話，我就知足了。

　　在有限的時間和精力下，個人所能承受的親密關係的總量也是有限的。我們只能平心靜氣地接受人生

週期帶來的關係變化，同時用真心來對待此時身邊的
每一個人。

---

維持健康關係的
適當技巧

∨

認識一個人的時間長短與關係的濃度是否一定成正比呢？在關係
中，真正重要的不是表面的時間，而是即使看不見，也能感受到
的真心。

---

# 短暫，卻不輕薄的真心

∨

相愛以前，一定要知道的是，

很多人都會講一些
甜言蜜語和無法遵守的約定。

我會永遠守在妳
身邊。

我等你。

還有，需要了解的一點是，

講出那些甜言蜜語和約定的當下都是真心的。

因為無法把心掏出來展示，
所以只能用語言來代替真心。

擴展彼此的世界

因為我理解錯了學生時代看過的電影《搖滾芭比》中的音樂影片的意義，（*Origin of Love*，講述的是太初人類擁有兩個頭、兩雙胳膊和大腿。但神將其一分為二，才變成了人類現在的樣子。一分為二的兩個人相遇相愛，同甘共苦，最終融為了一體），所以很長時間都對「親密」一詞有所誤會。讓我認為與他人變得親密，等於是讓對方進入我目前穩定的生活，而且必須讓出心裡的半個位置給對方。所以，我把這樣的改變看成了一件非常可怕的事。

每個人都擁有自己的宇宙，宇宙裡漂浮著各自的愛好、價值觀、性格、外表和習慣等等的行星。因此，當我的世界與他人的世界相遇時，一定會出現大大小小的碰撞。這是一個痛苦的過程，但也能從中受益。透過與他人的交流，可以體驗到獨自一人無法嘗試的新體驗，並且發現交集、產生共鳴，最終接受彼此的不同之處。我的感情和想法的地平線也會隨之變得寬闊。

不久前，我了解到一種樹冠羞避（Crown Shyness）現象。這種現象是指在樹種相似的樹枝會為

彼此留下些許的空間，彼此互不相碰。據說，這種共同生長，但為了避免對方不自在，而保持一定距離、給予關照的現象，至今仍未找到明確的原因。

　　透過這些互不侵犯，卻又彼此相連的植物，我了解到了共存的意義，以及擴展彼此世界的美好。

# 一個能分享殘缺之心的人

∨

我們需要的，

並不是完整，

而是能捧起殘缺的心，

陪伴自己的人。

我在成為自由工作者以前，曾做過美術老師。當時，發生過這麼一件事。有一個孩子堅持要按照彩虹色的順序整理色鉛筆，如果塗顏色時，畫筆畫到了線外或是筆斷了的話，他就會火冒三丈、哭鬧個不停。那個孩子讓我想到了童年時的自己，所以我更加無法將視線從他的身上移開。我很想好好地教他，希望那種不安和強迫傾向不要成為他人生裡的絆腳石。

　　就這樣，我們相處了幾年以後，每當他遇到不開心的事情時，都會先露出沒關係的表情。有一天，他正在塗顏色，突然蠟筆斷成了兩截，但他卻對我說：

　　「沒關係。斷成兩截，就變成了兩根蠟筆，這樣更好！這樣就能兩個人一起畫畫了！」

　　有時候，比起想要給予完整的人，能分享殘缺之心的人更能給我們帶來安慰。也許我們真正需要的正是這樣的心。